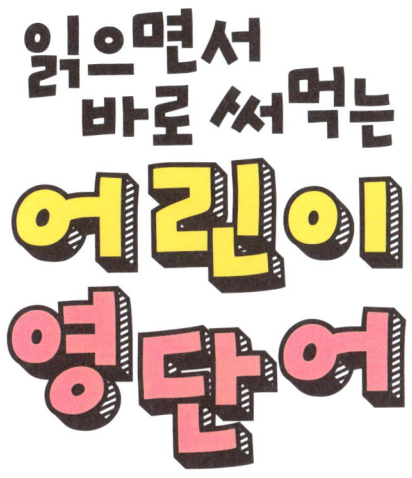

글·그림 한날 | 감수 박미경

찹이 패밀리와 함께 친구들을 응원합니다!!

작가의 말

　세상은 넓고, 수많은 나라가 존재해요. 하지만 지구촌이라는 말처럼 넓은 세계는 이웃이 되어 점점 더 가까워지고 있어요. 실제로 가까운 중국, 일본, 러시아 등은 두세 시간이면 갈 수 있게 되었지요.

　이렇듯 세계가 가까워지면서 다른 나라 사람을 만날 기회도 더욱더 많아졌어요. 우리 친구들 역시 더욱 다양한 나라의 사람들을 만나고 소통하게 될 거예요. 그러기 위해 우리나라에 한글이 있어 서로 소통이 가능하듯이 그 나라의 언어를 알아야 해요. 그중 세계 어느 곳에서나 소통이 가능한 영어는 우리에게 중요한 언어가 되어, 어릴 때부터 영어를 배우기 위해 많은 친구들이 힘쓰고 있어요. 하지만 안타깝게도 영어도 공부가 되어 재미보다는 부담감으로 느껴 흥미를 잃어버린 친구들이 많아요. 이런 친구들이 조금 더 편안하고 재미있게 영어를 접할 수 있기를 바라는 마음으로 《읽으면서 바로 써먹는 어린이 영단어》를 출간하게 되었어요.

　영어 공부가 재미없거나 단어를 외워도 외워도 자꾸 잊어버리는 친구들은 모이세요. 찹이 패밀리처럼 대화 속에 영어 단어를 쏙쏙 넣어 말하다 보면 어느새 영어 단어가 입에서 술술 나올 거예요. 우리 같이 즐겁고 재미있게 영어 공부에 도전해 볼까요.

한날

차례

- **01** Mission, go across the bridge 미션, 다리를 건너라 · 14
- **02** A bird on the balloon 풍선 위의 새 · 16
- **03** The secret of the photo album 사진첩의 비밀 · 18
- **04** Visit the library on the holidays 휴일에는 도서관에 가자 · 20
- **05** Green earth has clean air 초록색 지구는 공기가 맑다 · 22
- **06** Back to the basics today 오늘도 또다시 기초 · 24
- **07** Where is the telephone? 전화기는 어디에 있을까? · 26
- **08** The airplane is shaking 비행기가 흔들흔들 · 28
- **09** Do-ya's sewing exercise 두야의 바느질 연습 · 30
- **10** Looking for an eraser 지우개를 찾아서 · 32
- **11** Empty bottles are money 빈 병은 돈이다 · 34
- **12** Gold in the sand 모래 속에 숨겨진 금 · 36
- **13** Chobby in a new apartment 새 아파트로 이사한 참이 · 38
- **14** Father's pen, a magic pen 아빠 펜은 요술 펜 · 40
- **15** Swimming in the lake 호수에서 수영하다 · 42
- **16** Do-ya's secret, the piano genius 피아노 천재 두야의 비밀 · 44
- **17** When the bell rings tonight 오늘 밤 종이 울리면 · 46
- **18** How can I find my bag? 어떻게 내 가방을 찾을까? · 48
- **19** A soccer match is held 축구 시합이 열리다 · 50
- **20** Tasting coffee 커피를 맛보다 · 52

- ㉑ Autumn wind and a good child 가을바람과 착한 아이 · 56
- ㉒ Rose candle vs cinnamon candle 장미 양초 vs 계피 양초 · 58
- ㉓ A small thing under the bench 벤치 아래에 작은 것 · 60
- ㉔ Garden full of flowers 꽃으로 가득 찬 정원 · 62
- ㉕ Why her feet smell 발 냄새가 나는 이유 · 64
- ㉖ Eggs a chicken has laid 닭이 낳은 달걀 · 66
- ㉗ Soft bananas are delicious 부드러운 바나나는 맛있다 · 68
- ㉘ The result of lies 거짓말의 결과 · 70
- ㉙ The reason why I like black 검은색을 좋아하는 이유 · 72
- ㉚ Yes or No 네 또는 아니오 · 74
- ㉛ Up in the east, down in the west 동쪽에서 뜨고 서쪽으로 진다 · 76
- ㉜ A new mind, a new notebook 새 마음 새 공책 · 78
- ㉝ A camera taking pretty pictures 예쁜 사진을 찍는 카메라 · 80
- ㉞ Summer vacation plans 여름방학 계획 · 82
- ㉟ Vegetable juice when you're tired 피곤한 날에는 야채 주스 · 84
- ㊱ Challenging the mountain 정상에 도전하다 · 86
- ㊲ Tomato, fruit or vegetable? 토마토는 과일일까, 채소일까? · 88
- ㊳ A watch in the belly 배꼽시계 · 90
- ㊴ Who's the dance king? 댄스왕은 누구? · 92
- ㊵ Lots of fish live in the aquarium 수족관에 많은 물고기가 산다 · 94

차 례

41 I have been to the hospital 병원에 다녀오다 · 98

42 Pine tree, still green in winter 겨울에도 푸른 소나무 · 100

43 Sweet ice cream 달콤한 아이스크림 · 102

44 Cover for busy parents 바쁜 부모님을 대신하다 · 104

45 Yellow forsythia informing spring 봄을 알리는 노란 개나리 · 106

46 If you try day and night 밤낮으로 노력하다 보면 · 108

47 Find the way seeing the stars 별을 보고 길을 찾다 · 110

48 How to win the war 전쟁에서 이기는 방법 · 112

49 Wet in the rain 비에 젖다 · 114

50 Bad behavior of 0 points 0점짜리 나쁜 행동 · 116

(51) A present in a box 상자 속에 든 선물 · 118

(52) Baking a cake 케이크 만들기 · 120

(53) A gray cloud comes 회색 구름이 온다 · 122

(54) No dangerous behavior! 위험한 행동은 안 돼! · 124

(55) Apple of the same size 같은 크기의 사과 · 126

(56) Love story of a boy and a girl 소년과 소녀의 사랑 이야기 · 128

(57) Going to a hat store 모자 가게에 가다 · 130

(58) Strange strawberry seeds 이상한 딸기씨 · 132

(59) The sun is covered by the moon 태양이 달에 가리다 · 134

(60) Drinking tea 차를 마시다 · 136

- ⑥¹ **Cutting a tree branch** 나뭇가지를 자르다 · 140
- ⑥² **What happened to the window** 창문에 무슨 일이… · 142
- ⑥³ **Walking is hard** 걷기는 힘들어 · 144
- ⑥⁴ **Forgot to bring water** 물을 가져오는 것을 잊다 · 146
- ⑥⁵ **A bear becomes a woman** 여자가 된 곰 이야기 · 148
- ⑥⁶ **My dream, a travel around the world** 내 꿈은 세계 여행 · 150
- ⑥⁷ **Always like when we eat eggs** 언제나 달걀 먹을 때처럼 · 152
- ⑥⁸ **The game is not finished** 경기는 끝나지 않았다 · 154
- ⑥⁹ **An angry dog, a happy dog?** 화난 강아지, 즐거운 강아지? · 156
- ⑦⁰ **Let's have breakfast** 아침 식사를 하다 · 158
- ⑦¹ **Who do you want to meet?** 누구를 만나고 싶니? · 160
- ⑦² **A goat fallen from a log bridge** 외나무다리에서 떨어진 염소 · 162
- ⑦³ **Beautiful light in the nature** 자연 속 아름다운 빛 · 164
- ⑦⁴ **Painting on a white T-shirt** 하얀 티셔츠에 그림을 그리다 · 166
- ⑦⁵ **Breathe in fresh air outside** 밖으로 나가 신선한 공기를 마시다 · 168
- ⑦⁶ **No problem between friends** 친구끼린 문제없어 · 170
- ⑦⁷ **A question on chicken wings** 닭 날개에 대한 질문 · 172
- ⑦⁸ **Raindrops and a rainbow** 빗방울과 무지개 · 174
- ⑦⁹ **Resting is important** 휴식은 중요해 · 176
- ⑧⁰ **Please help me here** 도와주세요 · 178

차례

- ⑧¹ **A frog on the rock** 바위 위에 개구리 · 182
- ⑧² **I will make a rocket** 로켓을 만들 거야 · 184
- ⑧³ **Sad as I am sick** 아프니까 슬프다 · 186
- ⑧⁴ **Hide under the table** 식탁 밑에 숨다 · 188
- ⑧⁵ **Sing quietly** 노래는 조용하게 · 190
- ⑧⁶ **Make your mouth open** 입을 열게 하다 · 192
- ⑧⁷ **The police keeps the law** 법을 지키는 경찰 · 194
- ⑧⁸ **Returned because of no key** 열쇠가 없어서 돌아오다 · 196
- ⑧⁹ **A funny potato shape** 재미있는 감자 모양 · 198
- ⑨⁰ **Don't move, not even a little!** 작은 움직임도 안 돼! · 200
- ⑨¹ **Tomorrow is a happy day** 내일은 행복한 날 · 202
- ⑨² **A country where kids are happy** 아이들이 행복한 나라 · 204
- ⑨³ **High sky, wide sea** 하늘은 높고 바다는 넓다 · 206
- ⑨⁴ **Write down what I think** 생각한 것을 쓰다 · 208
- ⑨⁵ **Holes hidden in gloves** 장갑에 숨겨진 구멍 · 210
- ⑨⁶ **Excellent eyes looking at art** 예술을 바라보는 훌륭한 눈 · 212
- ⑨⁷ **Locked bathroom door** 잠긴 욕실문 · 214
- ⑨⁸ **Meeting cheap luck** 값싼 행운을 만나다 · 216
- ⑨⁹ **Watch out, even on thick ice!** 두꺼운 얼음도 조심해! · 218
- ⑩⁰ **My friends calling out my name** 내 이름을 불러 주는 친구들 · 220

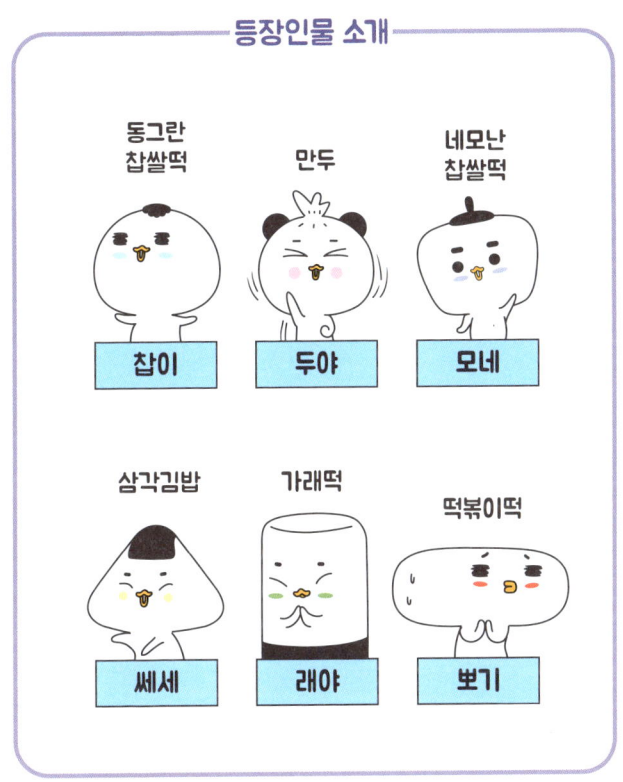

episode 1. 행동으로 기억하라

- air가 무슨 뜻이더라?
- 숨을 크게 한번 쉬어 봐.
- 휴~, 신선한 공기가 느껴져.
- 맞아. 그 공기가 바로 air야.

Mission, go across the bridge
미션, 다리를 건너라

across 가로질러, 건너서

action 행동

address 주소

afraid 두려워하는, 겁내는

002
A bird on the balloon
풍선 위의 새

- baby 아기
- balloon 풍선
- bird 새
- stop 멈추다

The secret of the photo album
사진첩의 비밀

- album 사진첩
- bed 침대
- bread 빵
- hamburger 햄버거

Visit the library on the holidays
휴일에는 도서관에 가자

- holiday 휴일
- library 도서관
- movie 영화
- ticket 표, 입장권

Green earth has clean air
초록색 지구는 공기가 맑다

- **air** 공기, 대기
- **earth** 지구
- **green** 녹색, 초록색
- **room** 방

Back to the basics today
오늘도 또다시 기초

- **again** 다시
- **basic** 기초적인
- **study** 공부, 공부하다
- **today** 오늘

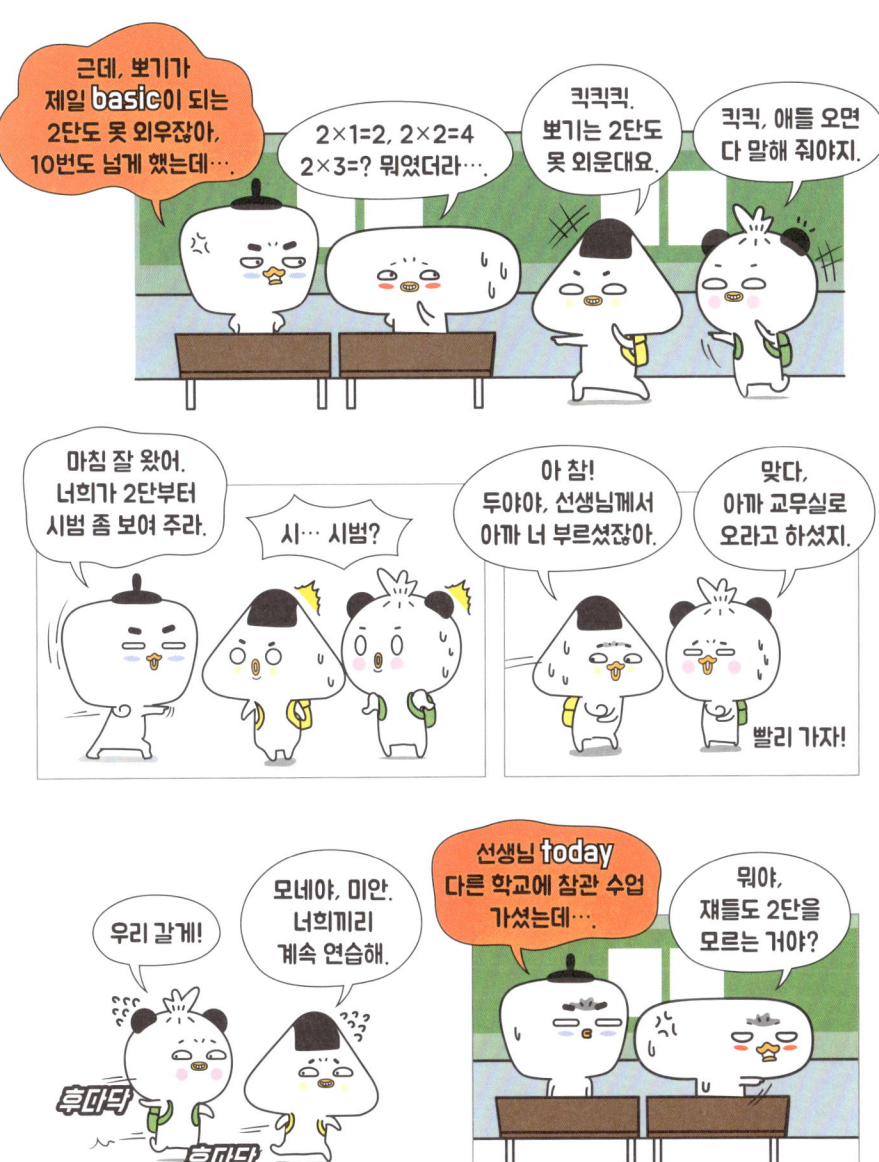

Where is the telephone?
전화기는 어디에 있을까?

- **around** 주위에, 둘레에
- **idea** 생각
- **telephone** 전화, 전화기
- **where** 어디에

The airplane is shaking
비행기가 흔들흔들

- **airport** 공항
- **shake** 흔들리다
- **but** 하지만
- **yet** 아직

여기가 바로 airport야.

우와.

나도 드디어 비행기를 타 보는구나.

모네야, 비행기 처음 타?

응~. 내가 하늘을 날다니, 너무 기대돼.

Do-ya's sewing exercise
두야의 바느질 연습

- **button** 단추
- **clothes** 옷
- **exercise** 연습
- **wallet** 지갑

Looking for an eraser
지우개를 찾아서

- **eraser** 지우개
- **find** 찾다
- **use** 사용하다, 쓰다
- **often** 자주

Empty bottles are money
빈 병은 돈이다

- bottle 병
- money 돈
- road 길, 도로
- supermarket 슈퍼마켓

에구구, 무거워라.

찹이야, 어디 가?

쎄세구나. 집에 빈 bottle이 많아서 supermarket에 가져다주려고.

supermarket에 빈 bottle을 가지고 간다고?

응. 빈 bottle을 가져다주면 money로 교환해 주잖아.

정말?

money로 바꿔서 맛있는 거 사 먹을 거야. 히히~.

Gold in the sand
모래 속에 숨겨진 금

- dog 개
- gold 금
- down 아래에
- sand 모래

Chobby in a new apartment
새 아파트로 이사한 찹이

- **apartment** 아파트
- **home** 집
- **million** 100만
- **new** 새로운, 새

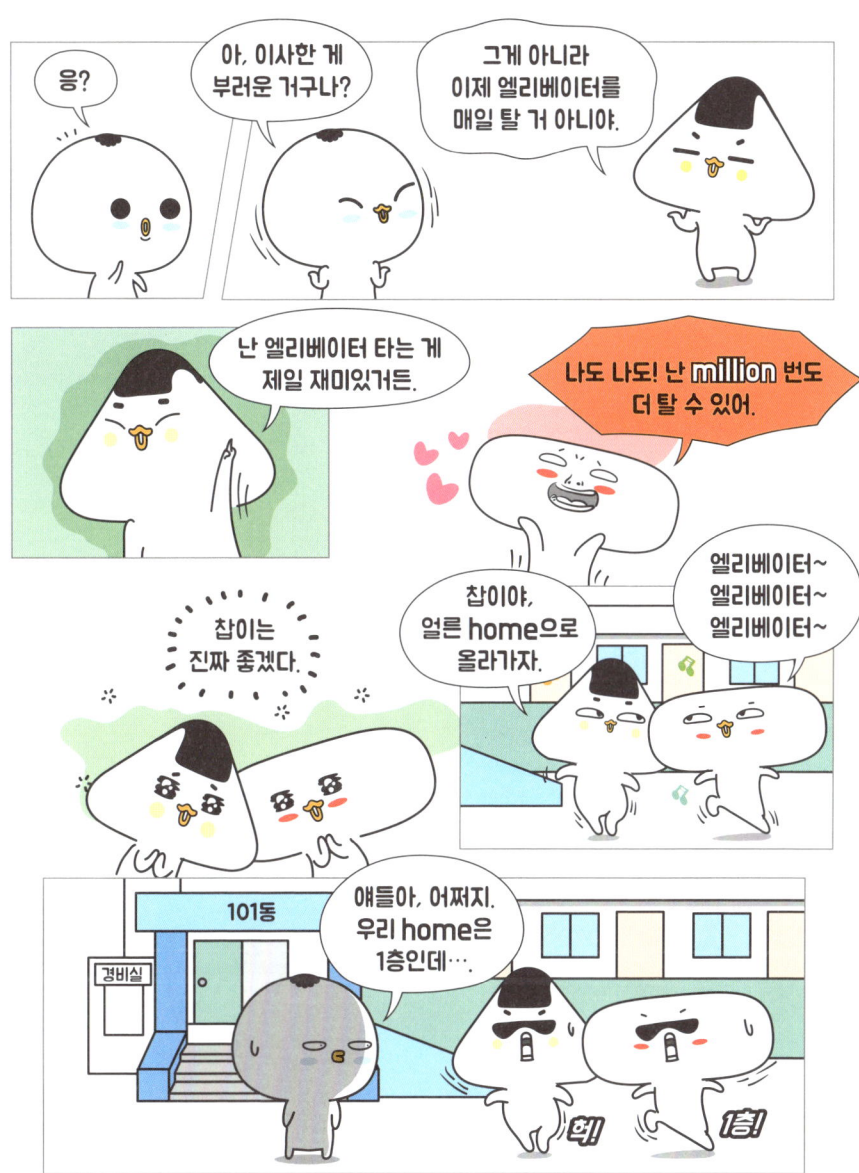

014

Father's pen, a magic pen
아빠 펜은 요술 펜

- **father** 아버지
- **pen** 펜, 만년필
- **ink** 잉크
- **success** 성공

Swimming in the lake
호수에서 수영하다

- lake 호수
- place 장소
- ready 준비가 된
- swim 수영, 수영하다

Do-ya's secret, the piano genius
피아노 천재 두야의 비밀

- **piano** 피아노
- **secret** 비밀
- **victory** 승리
- **well** 잘, 훌륭하게

When the bell rings tonight
오늘 밤 종이 울리면

- **bell** 종
- **plan** 계획
- **end** 끝
- **tonight** 오늘 밤에

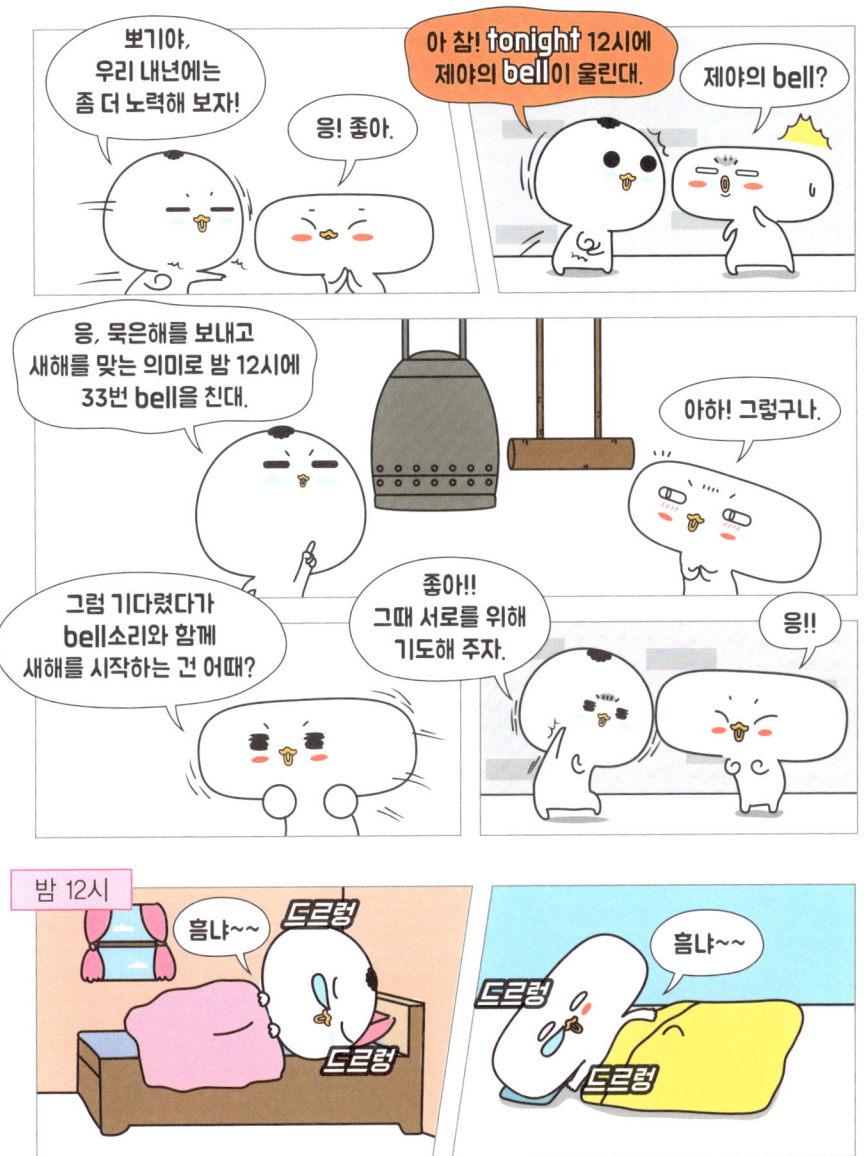

How can I find my bag?
어떻게 내 가방을 찾을까?

- **bag** 가방
- **book** 책
- **how** 어떻게
- **magic** 마술, 마법

A soccer match is held
축구 시합이 열리다

- **ball** 공
- **school** 학교
- **practice** 연습, 연습하다
- **soccer** 축구

Tasting coffee
커피를 맛보다

- coffee 커피
- once 한 번
- coin 동전
- taste 맛, 맛보다

episode 2. 일상에 담아라

Autumn wind and a good child
가을바람과 착한 아이

- autumn 가을
- clean 깨끗한, 청소하다
- child 아이, 어린이
- wind 바람

Rose candle vs cinnamon candle
장미 양초 vs 계피 양초

- candle 양초
- tulip 튤립
- rose 장미
- why 왜, 어째서

A small thing under the bench
벤치 아래에 작은 것

- **bench** 벤치, 긴 의자
- **small** 작은
- **together** 함께
- **under** 아래에

Garden full of flowers
꽃으로 가득 찬 정원

butterfly 나비

flower 꽃

full 가득한

garden 정원, 뜰

Why her feet smell
발 냄새가 나는 이유

- **foot** 발
- **smell** 냄새, 냄새나다
- **reason** 이유, 까닭
- **winter** 겨울

Eggs a chicken has laid
닭이 낳은 달걀

- **back** 등, 뒤쪽
- **chicken** 닭
- **fry** 굽다, 튀기다
- **wide** 넓은

Soft bananas are delicious
부드러운 바나나는 맛있다

- **banana** 바나나
- **basket** 바구니
- **mom(my)** 엄마
- **soft** 부드러운

The result of lies
거짓말의 결과

bye 안녕

family 가족

lie 거짓말, 거짓말하다

mother 어머니

The reason why I like black
검은색을 좋아하는 이유

- **all** 모두
- **black** 검은, 검은색
- **cap** 모자
- **color** 색깔

030 Yes or No
네 또는 아니오

- **no** 아니오
- **tiger** 호랑이
- **pig** 돼지
- **yes** 네(대답)

얘들아, 우리 질문하고 맞히는 스무고개놀이할까?

질문을 이어가며 정답을 맞히는 놀이지?

좋아. 재미있겠다.

시작한다. 주제는 동물이야.

현재 우리나라에도 살고 있습니까?

yes!

정답! tiger!

키킥, 틀렸어. tiger는 우리나라에 안 살거든.

Up in the east, down in the west
동쪽에서 뜨고 서쪽으로 진다

- **east** 동쪽
- **north** 북쪽
- **south** 남쪽
- **west** 서쪽

A new mind, a new notebook
새 마음 새 공책

- notebook 공책
- paper 종이
- that 저것
- this 이것

A camera taking pretty pictures
예쁜 사진을 찍는 카메라

- camera 카메라
- pretty 예쁜
- comic 웃기는, 재미있는
- we 우리

모네야, 김~~치~.

찰칵
찰칵

김치~.

너희 사진 찍고 있구나.

응. 사진이 필요한데 마음에 드는 사진이 없어서 래야에게 부탁했어.

히히~.

래야는 멋진 camera를 가지고 있거든.

Summer vacation plans
여름방학 계획

- **cook** 요리사, 요리하다
- **grandmother** 할머니
- **summer** 여름
- **vacation** 방학

Vegetable juice when you're tired
피곤한 날에는 야채 주스

- **cup** 컵
- **juice** 주스
- **tired** 피곤한, 지친
- **vegetable** 채소, 야채

Challenging the mountain
정상에 도전하다

challenge 도전
mountain 산
night 밤
top 꼭대기, 정상

Tomato, fruit or vegetable?
토마토는 과일일까, 채소일까?

- **fruit** 과일
- **I** 나는, 내가
- **know** 알다, 알고 있다
- **tomato** 토마토

A watch in the belly
배꼽시계

- **afternoon** 오후
- **hungry** 배고픈
- **time** 시간
- **watch** 시계

039

Who's the dance king?
댄스왕은 누구?

- **couple** 두 사람, 커플
- **dance** 춤
- **music** 음악
- **picnic** 소풍

Lots of fish live in the aquarium
수족관에 많은 물고기가 산다

- **fish** 물고기, 낚시하다
- **shark** 상어
- **turtle** 바다거북
- **very** 매우, 대단히

우와~~, 여기가 아쿠아리움이구나!!

진짜 바다 같다.

여기엔 엄청나게 많은 종류의 fish들이 있어.

저기 봐, very 귀여운 fish도 있어.

우와! 얘들아, 저기 turtle이야.

041 I have been to the hospital
병원에 다녀오다

- hand 손
- hi 안녕하세요
- hospital 병원
- hot 더운, 뜨거운

hi, 쎄쎄.

어디에서 오는 길이야?

hospital에 다녀오는 길이야.

왜? 어딜 다친 거야?

Pine tree, still green in winter
겨울에도 푸른 소나무

- **hurry** 서두르다
- **leaf** 나뭇잎
- **pine** 소나무
- **snow** 눈

Sweet ice cream
달콤한 아이스크림

- **bus** 버스
- **face** 얼굴
- **ice cream** 아이스크림
- **sweet** 달콤한

Cover for busy parents
바쁜 부모님을 대신하다

busy 바쁜

parent 부모(엄마 또는 아빠)

toy 장난감

wall 벽, 장벽

Yellow forsythia informing spring
봄을 알리는 노란 개나리

- **ground** 땅
- **spring** 봄
- **weather** 날씨
- **yellow** 노란색

얘들아! 여기 ground 좀 봐.

드디어 새싹들이 올라왔어.

저쪽도 좀 봐!

yellow 개나리도 피었잖아.

너무 예쁘다!

046
If you try day and night
밤낮으로 노력하다 보면

- evening 저녁
- tennis 테니스
- start 시작하다
- try 노력하다

얘들아, 다음 주에 찹이 tennis 대회 있는 거 알지?

응!! 알고 있어.

아마 이번에는 꼭 우승할 거야.

우리가 찹이를 위해 해 줄 건 없을까?

찹이가 힘낼 수 있게 응원해 주면 어때?

Find the way seeing the stars
별을 보고 길을 찾다

- **dark** 어두운
- **map** 지도
- **people** 사람들
- **star** 별, 항성

048
How to win the war
전쟁에서 이기는 방법

- **strong** 강한, 힘센
- **war** 전쟁
- **weak** 약한
- **win** 이기다

Wet in the rain
비에 젖다

- body 몸
- rain 비, 빗물
- umbrella 우산, 양산
- wet 젖은

Bad behavior of 0 points
0점짜리 나쁜 행동

- **bad** 나쁜, 형편없는
- **see** 보다
- **quick** 빠른
- **zero** 영(0)

051
A present in a box
상자 속에 든 선물

- box 상자
- car 자동차
- plane 비행기
- present 선물

Baking a cake
케이크 만들기

- **burn** (불에)타다, 태우다
- **butter** 버터
- **cake** 케이크
- **kitchen** 부엌

A gray cloud comes
회색 구름이 온다

- cloud 구름
- gray 회색
- come 오다
- sky 하늘

No dangerous behavior!
위험한 행동은 안 돼!

- **danger** 위험
- **last** 마지막으로
- **learn** 배우다
- **look** 보다, 바라보다

Apple of the same size
같은 크기의 사과

- **apple** 사과
- **knife** 칼
- **good** 좋은
- **same** 똑같은

얘들아, 부엌에 apple이 하나 있어서 가지고 왔어.

나 사과 좋아하는데, 맛있겠다.

근데 하나밖에 없네.

Love story of a boy and a girl
소년과 소녀의 사랑 이야기

- boy 소년
- girl 소녀
- love 사랑
- story 이야기

Going to a hat store
모자 가게에 가다

- **age** 나이
- **hat** 모자
- **buy** 사다, 구입하다
- **store** 가게

우와~, 여기 hat 진짜 많다!

그치. 이 store가 종류가 제일 많대.

난 hat이 필요하니까 잘 어울리는 거로 하나 buy 해야겠어.

훅 훅

어떤 게 어울릴까?

The sun is covered by the moon
태양이 달에 가리다

believe 믿다

sun 태양

moon 달, 위성

surprise 놀라움, 놀라게 하다

Drinking tea
차를 마시다

- **drink** 마시다
- **eye** 눈
- **sleep** 자다
- **tea** 차

episode 4. 계속 반복하라

- 어때, 내 근육 멋있지?
- 우와, 뽀기는 **exercise**를 열심히 하는구나.
- 푸흡! 맞아. **exercise**처럼 영어 단어도 반복해야 튼튼해진다고.
- 근데 영어 단어는 그렇지 않은가 봐.

Cutting a tree branch
나뭇가지를 자르다

cut 자르다, 베다

dead 죽은

health 건강

tree 나무

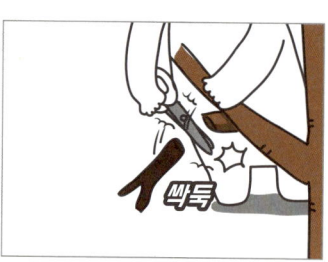

What happened to the window
창문에 무슨 일이…

- send 보내다, 발송하다
- tape 테이프
- uncle 삼촌
- window 창문

Walking is hard
걷기는 힘들어

- **bicycle(bike)** 자전거
- **leg** 다리
- **wait** 기다리다
- **walk** 걷다

하아~~, 상쾌해.

오랜만에 이렇게 walk 하니까 너무 좋다.

어때? 쎄세야. 너무 좋지?

난 지금 너무 많이 walk 해서 leg가 아파.

Forgot to bring water
물을 가져오는 것을 잊다

- **bring** 가져오다, 데려오다
- **forget** 잊다
- **give** 주다
- **water** 물

A bear becomes a woman
여자가 된 곰 이야기

- **bear** 곰
- **talk** 말하다, 수다 떨다
- **tell** 말하다, 이야기하다
- **woman** 여자

My dream, a travel around the world
내 꿈은 세계 여행

- **dream** 꿈
- **hundred** 100
- **travel** 여행하다
- **world** 세상

Always like when we eat eggs
언제나 달걀 먹을 때처럼

- **always** 항상, 언제나
- **egg** 알, 달걀
- **like** 좋아하다, ~처럼
- **welcome** 환영하다

The game is not finished
경기는 끝나지 않았다

- **enough** 충분한
- **finish** 끝나다, 끝내다
- **fun** 재미, 재미있는
- **game** 경기

An angry dog, a happy dog?
화난 강아지, 즐거운 강아지?

- **angry** 화난
- **enjoy** 즐기다
- **fight** 싸움, 싸우다
- **real** 진짜로

모네야, 저기 봐! 강아지들이 fight 하고 있어.

으르렁~ 으르렁~

어떡하지?

걱정 마. 저건 fight 하고 있는 게 아니야.

무슨 소리야.

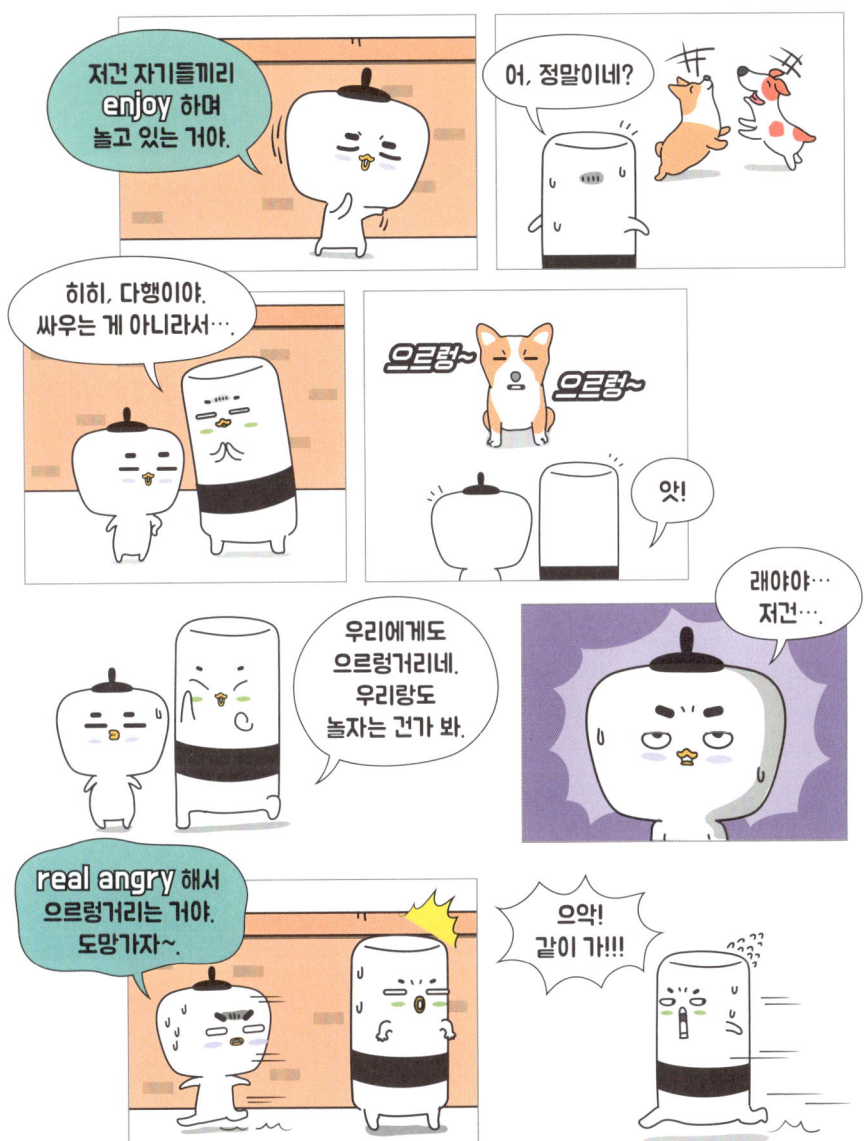

Let's have breakfast
아침 식사를 하다

- **breakfast** 아침 식사
- **eat** 먹다
- **morning** 아침, 오전
- **slow** 느린, 천천히

Who do you want to meet?
누구를 만나고 싶니?

- meet 만나다
- who 누구
- person 사람
- yesterday 어제

얘들아, 너희는 타임머신이 있다면 과거로 돌아가서 who를 meet 하고 싶어?

과거?

난 꼭 meet 하고 싶은 person이 있어.

한글을 만든 세종대왕!

A goat fallen from a log bridge
외나무다리에서 떨어진 염소

bridge 다리   **fall** 떨어지다
keep 유지하다, 지키다   **middle** 가운데, 중간

Beautiful light in the nature
자연 속 아름다운 빛

beautiful 아름다운

bright 밝은, 빛나는

light 빛

nature 자연

Painting on a white T-shirt

하얀 티셔츠에 그림을 그리다

- **grape** 포도
- **paint** 그리다, 칠하다
- **poor** 가난한
- **white** 흰, 하얀

Breathe in fresh air outside
밖으로 나가 신선한 공기를 마시다

- **fresh** 신선한
- **head** 머리
- **out** 밖으로
- **television** 텔레비전

No problem between friends
친구끼린 문제없어

- **cover** 덮다, 씌우다
- **friend** 친구
- **nose** 코
- **problem** 문제

A question on chicken wings
닭 날개에 대한 질문

- **fly** 날다
- **get** 받다, 얻다
- **question** 질문, 의문
- **wing** 날개

078
Raindrops and a rainbow
빗방울과 무지개

- **drop** 떨어지다
- **rainbow** 무지개
- **go** 가다
- **trip** 여행

Resting is important
휴식은 중요해

- great 대단한
- important 중요한
- rest 휴식
- run 달리다

080 Please help me here
도와주세요

- **blood** 피
- **cry** 울다
- **help** 돕다
- **here** 여기에

episode 5. 놀이처럼 즐겨라

얘들아, 엄청 큰 바위야.

우와, 쎄세 대단한걸.

요즘 영어 단어 외우기가 취미라더니. 쎄세, 파이팅!

바위는 영어로 rock!

A frog on the rock
바위 위에 개구리

- cute 귀여운
- ear 귀
- frog 개구리
- rock 바위

I will make a rocket
로켓을 만들 거야

first 첫 번째로

make 만들다

rocket 로켓

space 우주

Sad as I am sick
아프니까 슬프다

- ride 타다
- sad 슬픈
- sick 아픈
- stone 돌

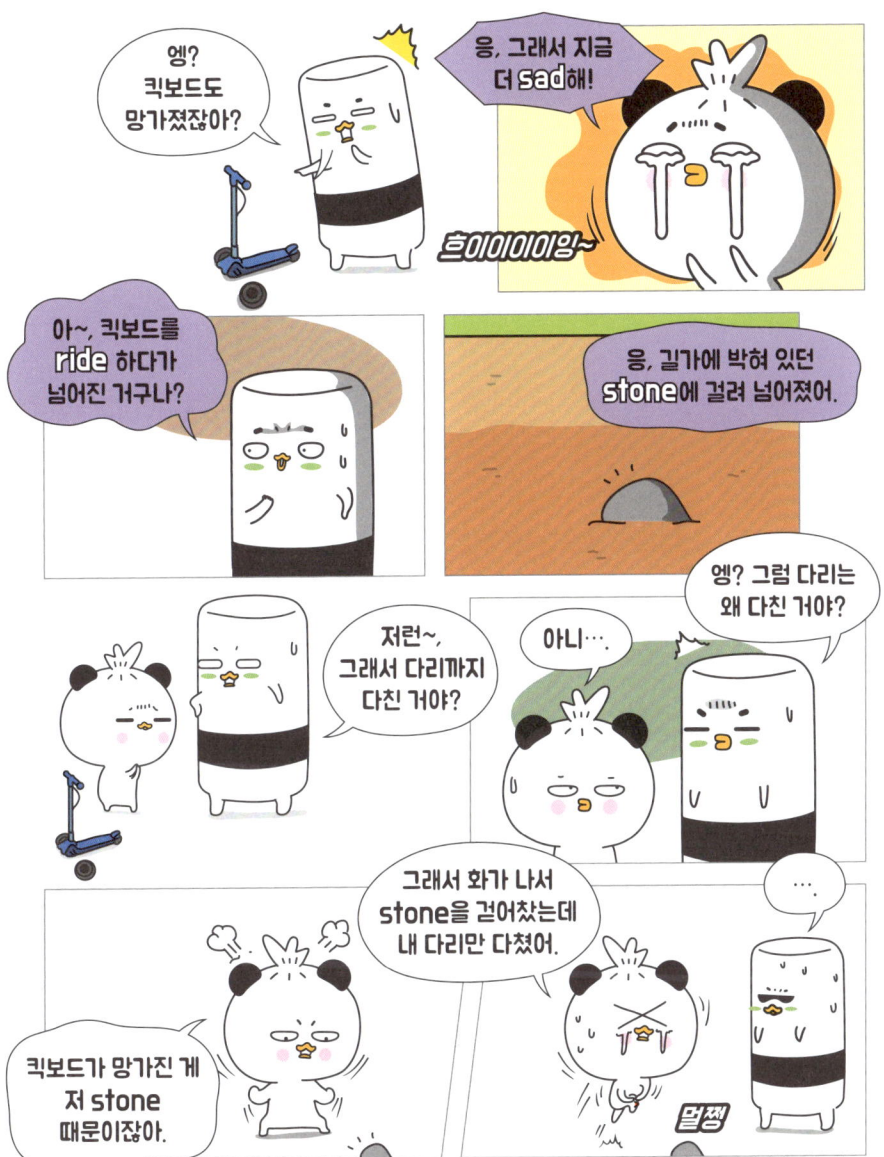

084
Hide under the table
식탁 밑에 숨다

- feel 느끼다
- hide 숨다, 숨기다
- safe 안전한
- table 탁자, 식탁

Sing quietly
노래는 조용하게

- neck 목
- song 노래
- quiet 조용한
- teacher 선생님

Make your mouth open
입을 열게 하다

- **late** 늦게
- **open** 열려 있는, 열다
- **mouth** 입
- **soon** 곧

The police keeps the law
법을 지키는 경찰

- **dirty** 더러운
- **front** 앞, 앞쪽
- **law** 법
- **police** 경찰

Returned because of no key
열쇠가 없어서 돌아오다

- door 문
- key 열쇠
- homework 숙제
- return 돌아오다, 돌아가다

A funny potato shape
재미있는 감자 모양

- **experience** 경험
- **potato** 감자
- **heart** 심장, 마음
- **shape** 모양

Don't move, not even a little!
작은 움직임도 안 돼!

- **catch** 잡다
- **move** 움직이다
- **little** 작은
- **orange** 오렌지

Tomorrow is a happy day
내일은 행복한 날

- **happy** 행복한
- **tomorrow** 내일
- **suddenly** 갑자기, 급작스럽게
- **true** 사실인, 진짜의

A country where kids are happy
아이들이 행복한 나라

| computer 컴퓨터 | country 국가, 나라 |
| plus 더하기 | student 학생 |

High sky, wide sea
하늘은 높고 바다는 넓다

- **blue** 푸른, 파란색
- **high** 높은
- **large** 큰
- **sea** 바다

Write down what I think
생각한 것을 쓰다

- okay(OK) 좋아
- show 보여 주다
- think 생각하다
- write 쓰다

Holes hidden in gloves
장갑에 숨겨진 구멍

- **glove** 장갑
- **hole** 구멍, 구덩이
- **have** 갖고 있다
- **laugh** 소리 내어 웃다

Excellent eyes looking at art
예술을 바라보는 훌륭한 눈

- art 예술
- excellent 훌륭한, 탁월한
- hope 희망
- side 옆, 옆면

Locked bathroom door
잠긴 욕실문

- **bathroom** 욕실
- **lock** 잠그다
- **knock** 두드리다, 노크하다
- **sit** 앉다, 앉아 있다

098 Meeting cheap luck
갚싼 행운을 만나다

- big 큰
- luck 행운
- cheap 값싼
- thank 감사하다

Watch out, even on thick ice!
두꺼운 얼음도 조심해!

- **arrive** 도착하다
- **cross** 건너다
- **ice** 얼음
- **thick** 두꺼운

이것 봐, 두야.
강물이 꽁꽁 얼었어.

정말!

ice가 엄청 thick 한 것 같은데….

이 강을 cross 하면 엄청 빨리 집에 arrive 할 텐데.

우리 돌아가지 말고 여기로 건너갈까?

100
My friends calling out my name
내 이름을 불러 주는 친구들

- **beside** 옆에
- **name** 이름
- **mistake** 실수
- **play** 놀다

초판 23쇄 2025년 5월 7일
초판 1쇄 2019년 12월 27일

글·그림 한날 | **감수** 박미경

펴낸이 정태선
펴낸곳 파란정원
출판등록 제395-2010-000070호
주소 서울특별시 은평구 가좌로 175, 5층
전화 02-6925-1628 | **팩스** 02-723-1629
제조국 대한민국 | **사용연령** 8세 이상 어린이
홈페이지 www.bluegarden.kr | **전자우편** eatingbooks@naver.com
종이 다올페이퍼 | **인쇄** 조일문화인쇄사 | **제본** 경문제책사

글·그림ⓒ2019 한날
ISBN 979-11-5868-172-2 73740

이 책은 저작권법에 따라 보호받는 저작물이므로 무단 전재와 무단 복제를 금지하며,
이 책 내용의 전부 또는 일부를 이용하려면 반드시 저작권자와 파란정원(자매사 책먹는아이·새를기다리는숲)의 동의를 얻어야 합니다.
*잘못된 책은 구입하신 서점에서 바꿔 드립니다.